Friedrich Seidenstücker
Von Tieren und von Menschen

Das Foto-Taschenbuch 4

Friedrich Seidenstücker
Von Tieren und von Menschen

Herausgegeben und ausgewählt von
Werner Kourist

Das Foto-Taschenbuch 4
Dirk Nishen Verlag in Kreuzberg

Seidenstücker, Friedrich:
Von Tieren und von Menschen / Friedrich Seidenstücker.
Mit Texten d. Fotogr. Hrsg. u. ausgew. von Werner
Kourist. – Berlin : Nishen, Verlag in Kreuzberg, 1986.
   (Das Foto-Taschenbuch ; 4)
   ISBN 3-88940-604-1
NE: GT

Gern schickt Ihnen der Verlag weitere Informationen über *Das Foto-Taschenbuch* und die *Edition Photothek* sowie die anderen im Verlag erschienenen Titel. Bitte schreiben Sie an die untenstehende Adresse (eine Auswahl aus dem Programm finden Sie auf den Seiten 159/160).

© 1986 Dirk Nishen Verlag in Kreuzberg, Am Tempelhofer Berg 6, 1000 Berlin 61.
Printed in Germany. Alle Rechte vorbehalten.
Gesetzt in der Times von ComPress, Berlin-Kreuzberg.
Die Lithos fertigte O. R. T., Berlin-Kreuzberg.
Gedruckt und gebunden von der Passavia, Passau.
Das Papier lieferte E. A. Geese, Hamburg.
Allen Beteiligten dankt der Verlag.

ISBN 3 88940 604 1

Editorische Notiz

Die Reproduktionen für den vorliegenden Band wurden zum großen Teil nach den von Friedrich Seidenstücker eigenhändig gefertigten Fotoabzügen gemacht, die in der Hauptzahl im Format 13 x 18 cm vorlagen; die von Seidenstückers Hand gefertigten Abzüge der Fotos auf den Seiten 31, 44 (beide), 51, 80, 84, 104, 146, 147, 148 und 149 haben ein Format von ca. 9 x 13 cm; von den Originalnegativen wurden die Abzüge für die Fotos auf den Seiten 14, 16, 17, 43, 55, 56, die Fotografien der Hausschlachtung (64 ff.), 82, 85, 86, 96, 97, 100, 102 und 103 angefertigt. Alle genannten Abzüge und Negative sowie die Texte Friedrich Seidenstückers befinden sich im Archiv des Herausgebers.
Kursiv gesetzte Bildlegenden sind von Friedrich Seidenstücker, evtl. auch von 3. Hand. Alle anderen Bildlegenden vom Herausgeber.

Junger Dackel.

Er will nicht über die Straße. (1952)

Nach 1945: Hundemaler Erich Angres aus Berlin-Halensee.

West Highland-Terrier. (1939)

Im Berliner Tiergarten. (1945)

Auf dem Ku'damm.

Renn-Zuschauer: Rauhhaar-Terrier.

Hunde-Ausstellung: Setter.

Hunde-Ausstellung 1936: Bei den Barsois.

Hunde-Ausstellung: Bernhardiner.

Hunde-Ausstellung: Bernhardiner.

Rotkehlchen und russischer Schäferpudel.

Gefleckte Dogge.

Bastard-Hund als Zugtier.

Ein vorbildlicher Traber wird vorgeführt: Greyhound.

Rauhhaar-Dackel.

Jagdhund.

Spitz im Rucksack.

Riesenschnauzer-Wäsche.

Junge Boxer im Hauseingang.

Feierabend: Kommt Frauchen? (von 3. Hand?) Dackel.

Hauskatzenfütterung mit Süßwasserfischen (»Weißfischen«).

Hauskatze.

Hauskatze beim Mittagsschlaf. (von 3. Hand?)

Hauskatze.

Karrengaul mit Futternapf und übergelegter Wetterschutzdecke.

Junghengst.

Gestütshengst aus Warendorf, Sitz des Westfälischen Landgestüts.

Gähnender Hengst mit Zaumzeug.

Potsdamer Gaul.

Vollblut-Fohlen.

Rosselenker in der Steinmetzstraße.

Lohn der guten Tat: Shetland-Pony will beißen.

Pferdehandel in Westfalen.

Pferdemarkt: Vorführung.

Hannoversche Landgestütsparade der Hengste in Celle.

Zuschauer-Tribüne.

Oval der Anlage.

Niederlegen – Aufstehen.

Kaltblutpferde im Kummetgeschirr auf Straßenpflaster.

In Unna/Westfalen.

Warmblutpferd mit Schutzdecke.

Getreidemahd mit Warmblut-Dreiergespann in Westfalen.

Pferde- und Ochsenkarren.

Zugochsen-Dreiergespann mit Stirnjoch.

Im Waggon.

Ochse wird beschlagen. Zuckerrüben-Gegend in der Magdeburger Börde.

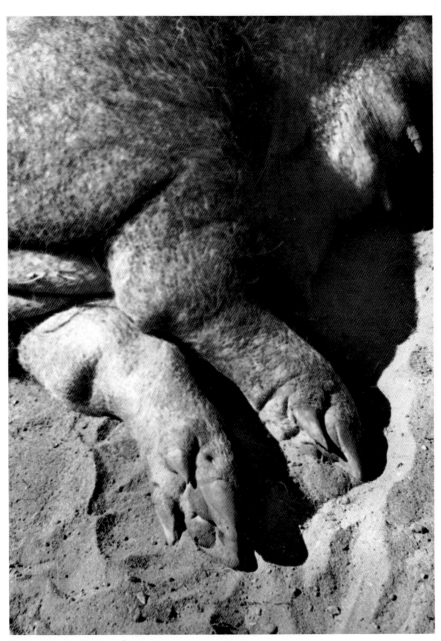
Hausschwein-Hinterpfoten.

Shetlandpony-Fohlen-Hinterhufe.

Hausschlachtung.

Das Eingeweide kommt in die Fleischmolle.

Deutsche veredelte Landschweine.

Sich zankende Ferkel.

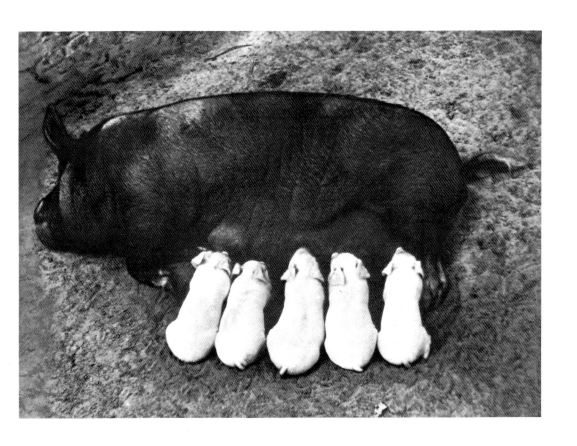
Schwarze Sau mit weißen Ferkeln.

Deutsches weißes Edelschwein.

Landwirtschafts-Ausstellung 1933: Deutsches veredeltes Landschwein.

Hammelkeulenparade auf der Landwirtschafts-Ausstellung.

Rambouillet-Schafbock.

Schafaustrieb, Klein-Kienitz bei Berlin.

Schafherde in Westfalen.

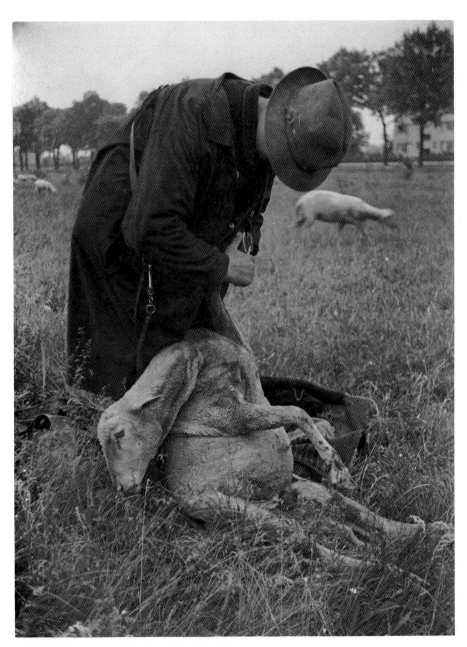

Der Schäfer beschneidet dem Schaf die Klauen.

Schäfer mit geschorenem Merinoschaf-Bock.

Hausziegen.

Gelber Brahmaputra-Hahn.

Leghorn-Fütterung.

Küken an der Futterglocke.

Hausgänse über dem Kirschenkorb.

Hausgans.

Tränken junger Gänschen.

Spatzenjäger.

Puten und deren Küken.

Junggänse.

Mecklenburg: Junggänse.

Gänsestall wird weitergerückt.

Schreck und Flucht vor Hausgänsen.

Berlin, Grenadierstraße: Zuchttauben-Handel.

Berlin, Potsdamer Bahnhof: Goldafter-Raupenplage.

Höckerschwan-Ansammlung und Stockenten im Prachtkleid sowie vereinzelte Blässhühner (in Berlin »Lietzen« genannt).

Höckerschwan mit Jungem.

Höckerschwan-Fotograf.

Eichhörnchen-Fütterung im Treptower Park.

Kinder verfüttern das Weiche aus dem Brot. (von Seidenstückers Hand?)

Junger Grünling.

Junger Hausrotschwanz.

Frühling auf der Pfaueninsel: Fliegender Pfau.

Fliegende Haustaube.

Bisamratten-Fänger beim Fallenstellen.

Pudel-Pointer bei der Bisamratten-Jagd.

Bisamratten-Fänger mit Beute von vier Tieren aus der Havel bei Berlin.

Wanderratte im Fangeisen.

Kiebitznest bei Zossen/Mark.

*Maikäferplage am Strand von Travemünde/Mecklenburg im Mai 1934.
Durch Landwind ins Meer getrieben und wieder angespült.*

Weinbergschnecken-Paarung.

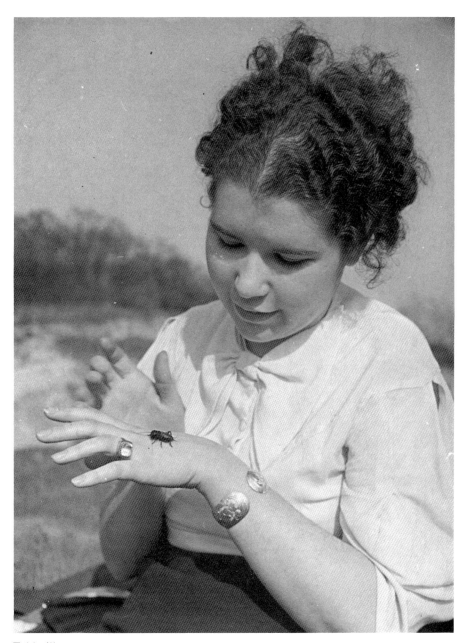
Feldgrille.

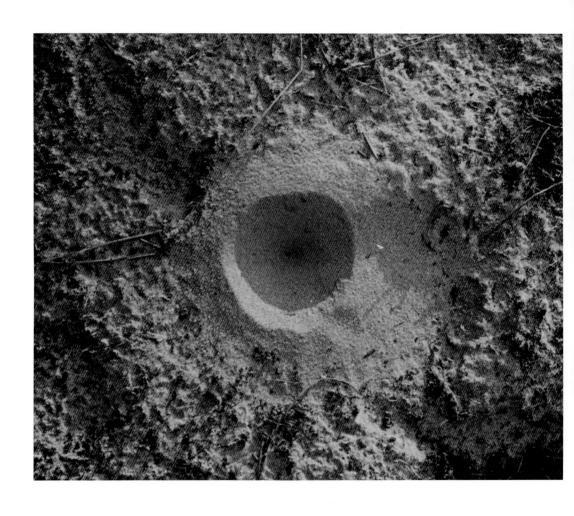

Fangtrichter des Ameisenlöwen, der Larve eines Netzflüglers.

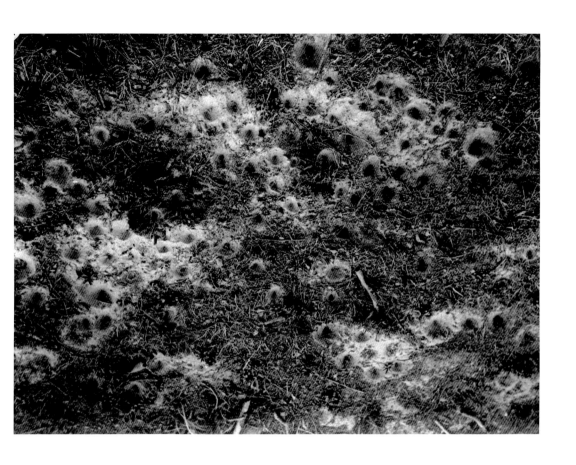
Gelände-Ausschnitt mit Fangtrichtern von Ameisenlöwen.

Kaulquappen (Larven) der Knoblauchkröte.

Moorfrösche im Hochzeitskleid. Spandauer Moor.

Pelztierfarm in Borgsdorf.

Schweinebucht Gut Garzau.

Pulverturm der Stadtmauer von Bernau/Mark mit Storchennest.

Golm (Potsdam): *Ein Storchenpaar vertreibt das andere.*

Unsere Störche

Ihren Beinahmen »Klapperstörche« haben diese Tiere natürlich vom Klappern, nicht etwa vom Kinderbringen. Wie man eigentlich auf dieses Märchen gekommen ist, verstehe ich selbst nicht, denn die Störche bringen die Frösche nicht etwa zappelnd an einem Bein im Schnabel zum Nest (wie man es auch, glaube ich, gezeichnet sieht), sondern in großen Mengen im Schlund verschlungen, die sie den Jungen dann vorwürgen. Die Störche jagen in einfachen feuchten Wiesen in der Nähe ihres Nistortes in eigentlich unromantischer Gegend.

Man sagt, die Störche werden seltener. Trotzdem findet man aber noch eine ganze Reihe von Nestern in der weiteren Umgebung Berlins. In Bernau ein sehr hübsches, aber im Kirchturm gelegenes, mit zwei Jungen, in Wustermark mit vier Jungen, in Hoppenrade gleich nebenan mit zweien und in dem reizenden Paretz sogar mit fünf Jungen, wohl die Maximalzahl. Es ist schade, daß das wunderhübsche große Tier, das sich so gern in der Nähe des Menschen aufhält, am Zurückgehen ist. Es ist desto schlimmer, weil die übrigen Jagdtiere durch die Hegerei der Jäger schon so stark dezimiert sind. Wo gelingt es einem sonst wohl, einen solch großen Vogel in 20 Metern Entfernung oder noch weniger bequem beobachten zu können. Im Felde sind die Störche dagegen viel scheuer. Sie gehen genau so früh auf wie die andern Tiere.

Bildmäßig gehört der Storch in seinem schwarzweißen Kleid vor den Wolkenhimmel; sein Nest zur malerischen Wirkung auf ein Strohdach. Wundervoll wirkt immer der ruhige Gleitflug des Tieres, den Lilienthal als Studie zu seinem Segelflug gründlich beobachtet hat. Junge Störche üben daher auch vorzugsweise das Segeln oder Schweben aus der Luft im Gegenwind. (Kleinere Vogelarten werden sich daher mehr im Flattern üben.) Man ist erstaunt, wenn sich ein junger Storch urplötzlich aus dem Nest fallen läßt und dann schwebt und in wundervollen ruhigen Linien um das Nest fliegt.

Leidenschaften beobachtet man bei den Störchen eigentlich nicht. Nicht einmal Liebesleidenschaften, auch keinen Zank bei den Jungen. Eine gemessene Ruhe ist das Vorherrschende, ein langweiliges, fast spießiges Behagen. Nahrungssorgen und Feinde scheinen sie nach diesem friedlichen Leben auch nicht zu kennen.

Die Störche kommen Anfang April zu uns, die Weibchen dabei etwas später. Hierbei gibt es allerdings einigen Streit über den Besitz des Nestes, das dieselben Paare bekanntlich immer wieder beziehen; aber daraufhin herrscht Ruhe. Die Paarung erfolgt bald darauf, die Flitterwochen verlaufen wenig aufregend, aber die Jungen müssen nachher durch zwei Monate ausdauernd gefüttert werden. Die Kleinen haben schon lange schwarze Schnäbel. Wundervoll ist natürlich auch das blütenweiße Gefieder von den Alten und den Jungen im Vergleich zur schmutzigen Farbe der Tiere in den Zoos. Zwei Stunden muß man regelmäßig am Neste lauern, bis eine der Alten mit vollem Kropf zurückkommt und von den Jungen mit pfeifendem Gepiepe (aber die Störche sind sonst stumm) empfangen wird. Die Alten kröpfen ihnen dann in der Mitte des Nestes vor, und die darauf folgende gierige Unruhe der Kleinen ist immer gleich drollig.

Friedrich Seidenstücker

Storchennest in einem Gehöft in Paretz/Mark.

Habicht.

Junge Wanderfalken, die zur Beize abgerichtet werden.

Zur Charakteristik der Wanderfalkenrupfstellen

Das Wesen der Raubvögel wird durch die Art ihrer Nahrungssuche bestimmt.

Hoch in der Luft jagt der *Wanderfalke* seine Beute. Nicht weil er »chevaleresk« ist, wie ältere Schriftsteller behaupteten, sondern weil er Vögel schlägt. Er sucht sie dort auf, wo sie keine Deckung finden können und ihm leichter zur Beute fallen als dicht über der Erde.

Der *Habicht* wiederum, der sich viel von Säugetieren nährt, fliegt daher niedrig und verfolgt seine Beute auch selbst in deckungsreichem Gelände. Nicht, weil er ein »Strauchdieb« ist, sondern weil Säugetiere nicht zu fliegen pflegen und sich möglichst in Deckung halten.

Der *Turmfalke* rüttelt hoch in der Luft auf der Jagd nach Insekten und Mäusen.

Wie nun die Raubvögel beim Beutemachen ihre Eigenheiten haben, so benehmen sie sich auch beim Rupfen der geschlagenen Tiere und Vögel ganz verschieden.

Während der *Habicht* seine Beute oft zwanzig Meter weit in eine tiefe Dickung schleppt und dabei auf seinem Wege mehrere Rupfstellen zurückläßt, geht der *Falke* mit seiner Beute in einem übersichtlichen Gelände zu Boden und rupft an einer Stelle. Auf freiem Felde sucht er eine Erhöhung auf. Im Walde geht er an einem Wegrande oder auf einem Baumstumpf nieder. Auch Holzstöße oder andere Erhebungen sind ihm willkommen.

Das ermöglicht ihm eine weite Umsicht, so daß er die Annäherung eines anderen Wesens schon von weitem beobachten kann und es gibt ihm die Möglichkeit, nach allen Seiten ungehindert abstreichen zu können.

Man kann aber schon bei einem flüchtigen Blick auf eine Rupfstelle erkennen, ob sie von einem *Falken* oder einem *Habicht* stammt.

Auch läßt der *Falke* fast regelmäßig das Brustbein, die Flügel und die Ständer seiner Beute liegen, während der *Habicht* die Ständer kleinerer Vögel mit verschlingt. Doch ist das kein sicheres Merkmal, weil oft noch andere Tiere nachträglich an der Rupfstelle ihre Mahlzeit gehalten haben.

Eine Rupfstelle dagegen, die sich schon von weitem dem Auge darbietet, ist fast immer vom *Wanderfalken*.

Es ist auch auffallend, daß der *Falke* seinen Horst durch zahlreiche Rupfstellen rings um den Horstbaum verrät, ebenso, daß er bei menschlicher Annäherung lebhaft schreit und sich bemerkbar macht. Hierin liegt vielleicht auch die Ursache, weshalb man seinen Horst fast regelmäßig in *Reiherkolonien* antrifft.

Der Lärm der *Reiher* stört ihn nicht und läßt den *Falken* nicht mehr auffallen.

Es ist jedenfalls viel schwerer, einen *Falkenhorst* in einer *Reiherkolonie* ausfindig zu machen, als einen Einzelhorst.

Bei jener Gewohnheit mag auch mitsprechen, daß der *Falke* ungern selbst einen Horst anlegt und lieber einen verlassenen Raubvogelhorst oder ein *Reihergestänge* in Besitz nimmt. Wenn er selber zu bauen gezwungen ist, so begnügt er sich damit, aus Reisern ein kunstloses Gestänge zu fügen.

Friedrich Seidenstücker

Oben: Wanderfalken-Rupfstelle in der Gegend des Horstes.
Unten: Habicht-Rupfstelle (Fasan).

Abgerichteter Waldkauz.

Abgerichtete Waldohreule mit Beute.

Turmfalken-Nest in einem Kirchturm im April 1936.

Die jungen Turmfalken am 20. Juni 1936.

Alpendohlen-Flugbild.

Graukraniche am Müritzsee/Mecklenburg.

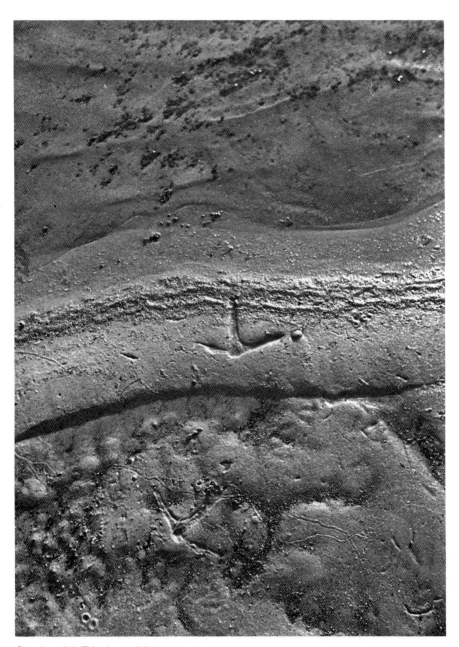
Graukranich-Trittsiegel/Müritzsee.

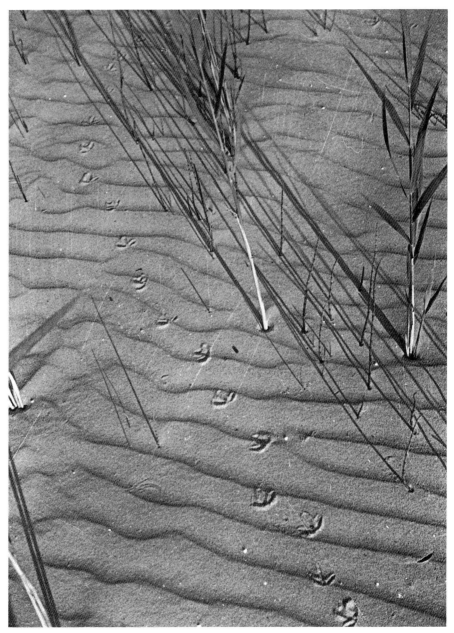
Kiebitz-Spuren.

Toter Tannenhäher.

Tote Dohle.

Auf dem Radweg überfahrene Waldmaus.

Im Bassin der Fontäne (Wasser-Reservoir) der Pfaueninsel ertrunkenes Reh.

Zahme bosnische Wölfin schmust mit fremden Kindern.

Zahme Wölfin.

Braunbär.

Wanderzirkus: Eisbär erhält einen Futterhappen.

Zirkus-Elefanten (Inder) im Winterstall.

Spitzmaulnashorn schaut aus seinem Zirkuswagen.

Friedrich Seidenstücker

Friedrich Seidenstücker wird am 26. September *1882* in Unna/Westfalen geboren. Als Kind beschäftigt er sich gleichermaßen mit Photographie wie mit Tierbeobachtungen, ohne jedoch beide Steckenpferde miteinander zu vereinigen.

1901 beginnt er in Hagen ein Studium an der Maschinenbauschule.

1903 geht Friedrich Seidenstücker nach Berlin, wo er sein Studium an der Technischen Hochschule fortsetzt. Gleichzeitig besucht er die Bildhauerateliers dieser Hochschule (ehemals Kunstgewerbeschule), wo er Tiere modelliert und zeichnet. Als Vorstudien zu Tierplastiken dienen erste, eigene Aufnahmen aus dem Berliner Zoo; daneben photographiert er Szenen aus dem Berliner Alltag.

Von *1914* bis *1918* nimmt Friedrich Seidenstücker als Konstrukteur der Zeppelin-Bau AG in Staaken am ersten Weltkrieg teil. Unmittelbar nach Kriegsende studiert er Tierbildhauerei an der Staatlichen Hochschule für die Bildenden Künste bei August Gaul, als dessen Meisterschüler er *1921* das Studium abschließt.

Während der *zwanziger Jahre* versucht Friedrich Seidenstücker, seine Plastiken durch den Verkauf von Photographien zu finanzieren. Es entstehen Kleinbronzen von Tieren aller Art, auch einige Grabskulpturen. Zunehmenden Erfolg hat Seidenstücker jedoch als Photograph, zumal seine plastisch-präzisen Momentschilderungen den »neuen« Sehweisen der zwanziger Jahre weitgehend entsprechen.

1930 entschließt sich Friedrich Seidenstücker, die Bildhauerei endgültig zugunsten der Photographie aufzugeben. Seine Tierphotos, aber auch seine Genrebilder des Lebens in Berlin werden von nahezu allen Illustrierten der Weimarer Republik gekauft; mehrere Bildagenturen vermarkten seine Photographien. Er selbst hält sich die meiste Zeit im Berliner Zoo auf, wo er Sujets und Käufer findet.

1933 wird Seidenstücker Opfer einer Hetzkampagne gegen die Zoodirektoren-Familie Heck sowie gegen einige Künstler, die im Zoo arbeiten. Obwohl sein Name in der auch sonst folgenlos gebliebenen Kampagne nicht genannt wird, vertreibt er seine Bilder nicht mehr im Zoo oder als Zoo-Bilder. Statt dessen erscheinen Seidenstücker-Photographien in Photozeitschriften und Illustrierten nur noch als unverfänglich-harmlose Bildwitze. Es ist diese Rezeption, die nach dem zweiten Weltkrieg eine wirkliche Neubewertung des Photographen Friedrich Seidenstücker verhindert.

1945 dokumentiert Seidenstücker in umfangreichen Bildserien die Zerstörung Berlins und ganz besonders die Ruinen des Berliner Zoos. Da sich solche ernsten Bilder als unverkäuflich erweisen, etabliert sich Seidenstücker aufs neue als Genrephotograph eines sogenannten ‚Berliner Humors'.

1962 kann Friedrich Seidenstücker die erste Einzelausstellung seiner Bilder im Rathaus von Berlin-Wilmersdorf eröffnen; sie wird zu seinen Lebzeiten die einzige bleiben. Kurz nach dieser Ausstellung

erleidet er einen Schlaganfall, so daß er weder Aufnahme- noch Laborarbeiten erledigen kann.

Am 26. Dezember *1966* ist Friedrich Seidenstücker in Berlin gestorben. Sein größter Wunsch, einmal mit mehreren Photographien auf den Bilderschauen der »photokina« in Köln vertreten zu sein, geht erst sechzehn Jahre nach seinem Tod, 1982, in Erfüllung. Heute fehlen seine Bilder in keiner Anthologie der Photographie aus den zwanziger Jahren.

Werner Kourist, geboren 1927 in Hamburg, ist Zoo-Historiker. Viele Sammlungen; außer Fotografie auch Volkskunst, Design, Luxuspapier, Bilderbücher, Deutschland – und eine große zoogeschichtliche Kollektion.

Fotos erzählen Geschichte:

Gerhard Gronefeld · *Kinder nach dem Krieg*
DAS FOTO-TASCHENBUCH 1 · 144 Seiten · 110 Fotografien · DM 18

Ruth Hallensleben · *Frauenarbeit in der Industrie*
Fotografien aus den Jahren 1938–1967
DAS FOTO-TASCHENBUCH 2 · 160 Seiten · 125 Fotografien · DM 18

Eckhard Supp · *Azania*
DAS FOTO-TASCHENBUCH 3 · 96 Seiten · 100 Fotografien · DM 16

Peter Keetman · *Eine Woche im Volkswagenwerk*
Fotografien aus dem April 1953
DAS FOTO-TASCHENBUCH 5 · 96 Seiten · 75 Fotografien · Duplex · DM 16

Hans Namuth / Georg Reisner · *Spanisches Tagebuch 1936*
Fotografien und Texte aus den ersten Monaten des Bürgerkriegs
96 Seiten · 75 Fotografien · Großformat · Duplex · DM 38

Willy Römer · *Leierkästen in Berlin 1912–1932*
EDITION PHOTOTHEK I · 32 Seiten · 28 Fotografien · DM 9

Willy Römer · *Ambulantes Gewerbe Berlin 1904–1932*
EDITION PHOTOTHEK III · 32 Seiten · 28 Fotografien · DM 9

Johann Hamann · *Arbeit im Hafen Hamburg 1889–1911*
EDITION PHOTOTHEK VI · 32 Seiten · 30 Fotografien · DM 9

Wilhelm Hauschild / Otto Umbehr (Umbo)
Im Flüchtlingslager 1947/48
EDITION PHOTOTHEK XII · 32 Seiten · 33 Fotografien · DM 9

Johann Hamann, Paul Wutcke u. a. · *Rund um die Gängeviertel*
Hamburg 1889–1930
EDITION PHOTOTHEK XIV · 32 Seiten · 30 Fotografien · DM 9

Gerne schicke ich Ihnen die NACHRICHTEN aus dem Verlag in Kreuzberg zu, in deren einzelnen Ausgaben Sie Abdrucke aus den Titeln des Verlagsprogramms finden, so daß Sie sich ein genaueres Bild über die Bücher machen können. Schreiben Sie an die folgende Adresse:

DIRK NISHEN VERLAG IN KREUZBERG
Am Tempelhofer Berg 6 · 1000 Berlin 61 · 030/693 10 10